Diana Nortey

Vivre avec un nouveau-né

La maternité : Une introduction

ScienciaScripts

This book is a translation from the original published under ISBN 978-3-330-06853-7.

Publisher:
Sciencia Scripts
is a trademark of
Dodo Books Indian Ocean Ltd. and OmniScriptum S.R.L publishing group

120 High Road, East Finchley, London, N2 9ED, United Kingdom
Str. Armeneasca 28/1, office 1, Chisinau MD-2012, Republic of Moldova, Europe

ISBN: 978-620-7-12795-5

Merci au Dieu tout-puissant qui m'a donné la force d'écrire ce livre et de ne pas abandonner.

Merci à mon père spirituel, le Révérend Dr Abbeam Ampomah Danso, d'avoir cru en moi, de ne jamais m'avoir abandonnée et d'avoir comblé le vide paternel de ma vie.

Merci à ma mère spirituelle, Evelyn Danso, d'avoir comblé le vide qui était en moi lorsque j'ai perdu ma mère à cause d'un cancer en 2009.

Merci à ma famille religieuse, God's Solution Centre, d'être ma fondation et mon système de soutien.

Merci à Sasha Shantel de m'avoir donné une plateforme pour écrire et de m'avoir donné l'espoir que, même après avoir accouché, je puisse continuer à écrire.

Je dédie ce livre à vous tous et à ma mère, Doris Amekudi. Repose en paix, maman x

Préface -

Par où commencer ?

Mon fils, qui a maintenant 6 mois, a changé ma vie pour le meilleur. Je n'aurais jamais pensé avoir un enfant. Cela n'a jamais été une priorité pour moi, mais j'aime les enfants.

Qui aurait pensé qu'en l'espace de quelques années, je tomberais enceinte et que j'aurais un enfant à moi ?

Seul Dieu pouvait le faire.

Avoir un enfant n'est pas une mince affaire ; cela peut être difficile, vous pouvez vous sentir déprimé certains jours, vous pouvez douter de vous-même, vous êtes anxieux, vous vous comparez à tout et à tous, parfois vous vous demandez même si vous êtes capable d'élever l'enfant correctement - mais en fin de compte, c'est VOTRE enfant ; et il vous a été donné par Dieu.

Je remercie Dieu chaque jour de me donner la force de continuer. Il n'y a pas d'autre chemin que celui de l'avant ; il ne faut pas regarder en arrière, car ce n'est pas le chemin que l'on est censé emprunter.

Votre vie est faite pour progresser ; vous n'êtes pas fait pour reculer.

La vie est pleine de surprises et la naissance de mon fils, Jeremiah, a été une grande surprise !

Mais dans l'ensemble, je suis si heureuse d'avoir un enfant à moi et un ensemble d'expériences que je peux garder avec moi et partager au bon moment.

C'est la raison d'être de ce livre : partager mes expériences personnelles et encourager ceux qui le souhaitent à lire.

La maternité : Une introduction

Je suis une mère.

Alors que je regarde ce petit paquet de joie, je sais que le plan de Dieu pour ma vie continue à se déployer et ne fera que s'améliorer. Je sais que le plan de Dieu pour ma vie continue à se déployer et ne fera que s'améliorer.

À 28 ans, je n'aurais jamais imaginé avoir un enfant. C'était un désir que j'avais, mais ce n'était pas quelque chose sur lequel je me concentrais.

J'ai eu la chance d'avoir un enfant et j'ai enduré les neuf mois de grossesse.

Chacun a sa propre expérience de la grossesse, mais Dieu a été si bon pour moi. Ma grossesse n'a pas été trop difficile et il n'y a pas eu de complications jusqu'à la fin, mais malgré cela, mon bébé est arrivé à 39 semaines, en bonne santé et heureux.

Mais c'est maintenant que le vrai voyage commence : apprendre à élever cet enfant ! J'apprends de nouvelles choses tous les jours, et même si c'est une nouvelle expérience pour moi, je prends tout cela à bras-le-corps.

Le 15 octobre 2016, à 4h01 du matin... un cadeau que je n'aurais jamais pensé me voir offrir ; a été placé dans mes mains, en pleurs, avec ses grands yeux regardant directement dans les miens. Une tête pleine de cheveux, une peau aussi claire que la mienne... et si belle. Je n'arrivais pas à croire qu'il grandissait en moi depuis tout ce temps - les petits coups de pied, les hoquets, mon ventre qui se développait lentement pour accueillir sa taille. Je n'ai pas eu les symptômes typiques de la grossesse que tout le monde connaît - appelez-moi chanceuse !

Quelle expérience !

Depuis mon premier scanner, je mourais d'envie de savoir à quoi il ressemblerait : aurait-il beaucoup de cheveux ? A qui ressemblerait-il ? Quel nez aurait-il ? Quelle serait la couleur de ses yeux ? Même le jour où j'ai appris qu'il s'agissait d'un garçon a été un autre jour de joie pour moi.

Tout au long des neuf mois, je n'ai pas pensé qu'un petit être allait sortir de moi - on n'y pense vraiment qu'à l'approche de la date butoir.

C'est incroyable de voir à quel point l'amour résonne en vous avec quelqu'un que vous n'avez pas encore rencontré. Vous êtes assis là, émerveillé, et vous avez hâte de rencontrer cette petite personne et de voir ses petites mains et ses petits pieds... c'est un sentiment si beau.

Le moment où il est sorti de moi et a été placé sur ma poitrine, où il a remué ses jambes et ses pieds, où il s'est habitué à mon odeur, où j'ai caressé ses bras et ses petits doigts, si délicats et si minuscules, où il a poussé de petits cris rythmés, où il s'est habitué au monde extérieur à l'utérus, où il s'est habitué au monde extérieur à l'utérus...

Tout cela est très surréaliste.

Beaucoup de gens m'ont dit que je serai une bonne mère... Je regarde son petit visage... un tout petit sourire ! Il a l'air si heureux... je prie Dieu pour que je sois une bonne mère pour ce cadeau de Dieu.

C'est tout à fait surréaliste - c'est ce que je dis depuis que j'ai accouché ; je n'arrive pas à y croire. Mais Dieu sait pourquoi il me l'a donné pour que je m'en occupe - il sait que j'en suis capable et je ne peux que prier pour qu'il me donne sa force et ses conseils.

La maternité n'est pas un parcours facile, mais elle en vaut la peine.

Mon expérience de la grossesse

Mon parcours de grossesse a commencé très facilement - je n'ai pas rencontré les symptômes typiques de la grossesse, c'est-à-dire les nausées matinales - je me suis juste sentie très.... bizarre... Mon équilibre n'était pas au beau fixe, j'ai donc décidé de faire un test de grossesse.

L'attente angoissante de savoir si je l'étais ou non m'attendait... Je regardais attentivement l'écran électronique bleu clair qui clignotait... Mon cœur s'est arrêté. J'étais enceinte.

Je ne me souviens même pas de ce qui m'a traversé l'esprit à ce stade... Je pense que j'étais en état de choc.

Le voyage a commencé.

J'ai continué à travailler normalement et je n'en ai parlé à personne jusqu'à ce que je sois enceinte d'environ trois mois.

Ma grossesse a été très amusante. Mon ventre n'est apparu que vers la fin, donc à moins que je ne vous dise que j'étais enceinte, vous n'auriez jamais pu le deviner. Vous n'auriez jamais pu le savoir.

J'ai passé en revue les fringales et autres... Ma plus grande envie était de manger des chips avec beaucoup de vinaigre... Et les bonbons haribo tangfastic (ceux qui sont vraiment acides !) et je ne suis pas une personne qui aime les bonbons ! Je suis plutôt chocolat et, chose amusante, j'ai arrêté le chocolat !

Mes humeurs fluctuaient beaucoup. Mais j'ai fait de mon mieux pour contrôler cela car je ne voulais pas être trop stressée ou frustrée.

Je crois que si vous êtes stressé, frustré ou si vous nourrissez ce genre de sentiments en vous, cela peut aussi affecter l'enfant. Traitez-moi de folle, mais c'est ce que je crois.

J'étais TRÈS fatiguée la plupart du temps. Je crois que c'était mon seul symptôme. Fatiguée au point de pouvoir m'endormir n'importe où... Ou je pouvais m'endormir et me réveiller le lendemain matin. Tous ceux qui me connaissent vous le diront... Mais malgré cette fatigue, j'étais toujours capable de me lever à 5h30 du matin et de partir au travail à 6h, tout en continuant à m'acquitter de mes autres obligations. Dieu m'a donné de la force.

Lorsque j'ai atteint mon huitième mois de grossesse, je me suis rendue à mon rendez-vous avec la sage-femme, comme je le faisais régulièrement. Mais il y avait une chose qui continuait à se produire depuis au moins les 2 ou 3 derniers rendez-vous... Ma tension artérielle augmentait... Au point de devenir préoccupante.

Cette fois-ci, on m'a donc envoyé dans l'unité de surveillance de la tension artérielle pour la contrôler de près.

Elle était toujours élevée après 3 contrôles à 10 minutes d'intervalle. Ils ont donc pris la décision de me garder à l'hôpital pour que ma tension artérielle soit surveillée de près et que mon bébé le soit également.

J'ai trouvé tout cela très ennuyeux parce que pendant toute ma grossesse, ma tension artérielle était tout à fait normale jusqu'aux deux dernières semaines avant la date prévue pour l'accouchement ; et tout d'un coup, elle s'est mise à monter.

J'étais donc à l'hôpital, entourée d'autres femmes enceintes ayant le même problème. J'ai vu plusieurs infirmières venir prendre ma tension... Prendre du sang... m'attacher à une machine pour surveiller les battements de cœur de mon bébé. On m'a fait un scanner du foie, du placenta et de nombreuses échographies parce qu'on m'avait aussi diagnostiqué une pré-éclampsie, mais je n'avais aucun symptôme. Les médecins n'avaient aucune idée de ce qui m'arrivait, au point que ma situation a été qualifiée de "bizarre", mais tout allait bien.

Je pense que cette semaine passée à l'hôpital était le plan de Dieu pour me reposer. Je suis un bourreau de travail. J'aime être occupée. Même si j'étais enceinte et que j'étais fatiguée, j'étais toujours en train de me lever et de me coucher plutôt que de mettre mes pieds en l'air. Il fallait donc que Dieu m'en parle pour que je n'aie pas d'autre choix que de me reposer.

La semaine où j'ai été hospitalisée et où je suis sortie de l'hôpital, j'ai eu Jeremiah. Le week-end suivant, j'ai eu Jeremiah. Il est arrivé une semaine plus tôt. Si je n'avais pas eu cette semaine de repos... Dieu seul sait comment l'accouchement se serait déroulé. Dieu était avec moi à chaque étape.

L'accouchement s'est déroulé en douceur, de façon naturelle, sans gaz ni air, ni péridurale. La douleur était incroyable !

En raison des problèmes de tension artérielle, Jeremiah a dû être surveillé pendant le travail, ce que j'ai trouvé ennuyeux. J'avais des contractions et il fallait prendre ma tension. C'était très ennuyeux.

Mais malgré tout, 7 heures plus tard, mon fils est né. En bonne santé et heureux.

Le premier mois

Deux mots : Pas de sommeil.

Bonté divine, Dieu tout-puissant ! Avant de donner naissance à mon fils, on m'avait prévenue que je ne dormirais pratiquement pas, et ils avaient raison. Le premier mois a été le plus difficile ! Je ne dormais pas... je ne savais pas vraiment quoi faire, j'étais encore dans cet état surréaliste de réaliser que j'avais eu un bébé et que j'étais vraiment une mère.

C'était beaucoup. Je me souviens très bien d'une nuit où j'étais si fatiguée, où j'avais fini de l'allaiter et où il s'est endormi sur ma poitrine. Lorsque je me suis réveillée, je ne comprenais pas pourquoi il était sur ma poitrine, car je pensais qu'il était dans son berceau !

Je pensais avoir fait l'expérience de ne pas dormir trop longtemps, mais vous n'avez encore rien vu tant que vous n'avez pas eu de bébé !

Mais cela s'améliore à mesure qu'ils grandissent et vous finirez par retrouver le sommeil, mais vous devez aussi vous rappeler que tous les bébés sont différents et qu'ils grandissent tous à un rythme différent. Donc, si votre enfant ne fait pas encore toutes ses nuits, ne vous inquiétez pas ! En un rien de temps, vous retrouverez votre sommeil et votre enfant dormira à poings fermés, sans interruption !

Mais à part le fait de ne pratiquement pas dormir, le premier mois est magnifique. Vous avez la possibilité de tenir dans vos bras le cadeau si précieux que vous avez eu l'honneur de mettre au monde. Avant qu'il ne naisse, vous le sentiez grandir en vous - en hoquetant, en donnant des coups de pied, en frappant, en se tortillant et en se retournant - et maintenant vous avez enfin rencontré la personne qui vous faisait toutes ces choses ! Les voir changer, leurs traits commencer à se dessiner, leurs cheveux pousser - le premier mois est vraiment magique.

Cela peut être un peu stressant lorsque votre bébé pleure et que vous ne savez pas quoi faire, mais vous finirez par comprendre ses signaux, et vous saurez quand il a faim ou quand il est fatigué, ou s'il a juste besoin d'un câlin ou quand il veut jouer.

Être mère est un processus d'apprentissage et vous ne saurez jamais tout - vous apprenez littéralement quelque chose de nouveau chaque jour - mais c'est pourquoi il est si agréable d'être mère, vous apprenez, vous mettez en œuvre, vous grandissez et vous avez une expérience à transmettre.

20th Novembre 2016

Un peu plus d'un mois après l'accouchement et il y a déjà tellement de choses à penser ! Je repense à ma grossesse et aux moments magiques qui m'ont fait tomber en pâmoison, mais aussi à ceux qui m'ont fait grimacer et m'ont fait dire "désolé" à plusieurs reprises ! Nous entendons toujours dire que lorsque nous sommes enceintes, nous sommes rayonnantes et que nous devons embrasser nos bosses et toutes ces belles choses, mais il y a aussi des aspects amusants et embarrassants à la grossesse, mais cela fait partie de l'expérience et c'est ce qui la rend si unique pour chaque individu.Pour être honnête... J'ai eu l'impression que lorsque j'étais enceinte, l'éclat de la grossesse dont tout le monde parlait n'était pour moi qu'une couche de sueur. Il est évident que lorsque vous êtes enceinte, vous portez une personne supplémentaire à l'intérieur de vous, alors il ne fait aucun doute que vous transpirez davantage.

Il y a une chose qui m'arrive constamment et qui est tellement gênante qu'il est difficile de la mentionner, mais parfois, il suffit de marcher pour que, sans même s'en rendre compte, on lâche un gros coup et il n'y a absolument aucun moyen de le contrôler. On peut être assis tranquillement et tout d'un coup, ça recommence. Ce n'est pas une partie agréable de la grossesse mais c'est dû à toutes les hormones qui se bousculent dans votre corps ainsi qu'au bébé qui se détend sur les organes.

Pendant la grossesse, il est souvent recommandé d'exercer les muscles du plancher pelvien, car c'est ce muscle en particulier qui est le plus sollicité pendant l'accouchement, et la seule façon de le renforcer est de faire ces exercices. Cependant, pendant la grossesse, il est très probable - encore une fois, ce n'est pas contre votre volonté - qu'un peu d'urine se détache lorsque vous éternuez ou toussez.

Oh les joies ! La fatigue a été mon SEUL symptôme tout au long de ma grossesse... et même si cela ne semble pas être grand-chose, on peut en arriver à un point où tout ce que l'on fait, c'est dormir - parfois on peut dormir toute la journée jusqu'au lendemain. C'est fou la quantité d'énergie qu'il faut pour faire grandir un autre être humain - parfois la fatigue peut vous frapper si fort ! Vous ne réalisez pas à quel point vous êtes fatigué jusqu'à ce que vous fassiez littéralement une pause. Mais il est toujours bon de se reposer, je suppose.

Malheureusement,   les choses gonflent lorsque vous êtes enceinte. Le corps de chacun fait face

La grossesse n'est pas la même pour tous - certains ont les chevilles enflées, d'autres les mains, les pieds et les doigts enflés (mes doigts ont enflé vers la fin !), certains ont même le nez enflé - une très belle chose...

Ce que la grossesse m'a surtout prouvé, c'est que nous, les femmes, sommes très fortes ; et il y a tant de choses que nous endurons pendant la grossesse - cela m'a amenée à être vraiment reconnaissante envers toutes les mères et les femmes parce qu'il y a tant de choses que nous endurons. Je salue toutes les femmes qui lisent ces lignes et je leur dis de continuer à se battre, car elles sont plus fortes qu'elles ne le pensent !

12th Décembre 2016

Tout d'abord... Merci Seigneur que mon fils ait atteint l'âge de 2 mois.

Il grandit merveilleusement bien et je ne peux que remercier Dieu de le garder et de le protéger.

Je dirai toujours qu'élever un nouveau-né n'est pas facile ! Mais cela en vaut vraiment la peine. Au cours de ces deux derniers mois, j'ai beaucoup appris sur moi-même et sur mon fils. Vous commencez à distinguer les vrais cris des faux ; les cris qui signifient qu'il a faim, qu'il est fatigué, qu'il s'ennuie, etc... vous commencez à voir la personnalité de l'enfant se développer sous vos yeux   .
C'est une chose tellement belle à voir.

En ce moment, la difficulté est de l'endormir. Il adore se *battre pour s'*endormir. Je ne comprendrai jamais pourquoi les bébés luttent autant contre le sommeil ! Mais ce que j'ai vu, c'est que ma patience a augmenté parce que les bébés apprennent progressivement. Je constate que mon fils est très heureux et souriant lorsqu'il n'a besoin de rien et j'en suis très reconnaissante. Il est très observateur et semble aimer les choses très colorées.

Cela m'a fait repenser à l'époque où je le portais et où tout ce que je voulais, c'était voir son visage - tant de pensées ont traversé mon esprit lorsque je l'ai tenu dans mes bras pour la première fois... *Serai-je une bonne mère ? Comment vais-je l'élever ?*
Mais cela fait déjà deux mois et il a tellement changé. J'ai fait tellement de déclarations positives à son sujet lorsqu'il était encore dans mon ventre que je commence à m'en rendre compte.

Je crois qu'il faut faire naître les choses ; lorsque l'on parle de manière positive, on en voit forcément le résultat.

J'apprends à me connaître... Lorsqu'il s'agit d'élever un bébé, il faut vraiment se sacrifier et faire passer l'enfant en premier. Il ne s'agit plus seulement de soi-même.

Je ne peux que prier pour que Dieu continue à le protéger et à le garder.

J'attends avec impatience les mois à venir et la façon dont il va mûrir et grandir.

J'ai eu   3 heures de   de sommeil.

Cela se produit régulièrement. Il est vrai que certains jours sont meilleurs que d'autres. Mais la journée d'aujourd'hui a été particulièrement difficile. Mon fils s'est réveillé pour téter et est resté éveillé jusqu'à environ 10 heures du matin.

Il s'endormait par périodes de 10 à 15 minutes et se réveillait à nouveau. Aujourd'hui   il est   particulièrement tatillon à cause de la fatigue .

Mais grâce à des recherches approfondies sur Google (oui... Google est mon meilleur ami), mon petit garçon est actuellement en pleine poussée de   croissance.

Il répond à tous les critères... Il mange plus, il est capricieux, il est debout presque toute la nuit... Heureusement, cela ne dure pas longtemps... Et tout ce que cela signifie, c'est qu'il grandit, ce qui est très rassurant.

Mais ce que je peux dire, c'est qu'il reproduit ce qu'il faisait lorsqu'il était dans l'utérus - il était debout toute la nuit, me donnant des coups de pied et m'empêchant de dormir - et qu'il a fait la même chose lorsqu'il est sorti de l'utérus. Si c'est le cas, je ne peux pas lui en vouloir !

Équilibre, anxiété et prises de conscience 16ᵗʰ Décembre 2016

Au moment où j'écris ces lignes, Jérémie (mon fils) dort. Lorsque j'étais enceinte, je me demandais comment j'arriverais à concilier mon hobby, l'écriture, et tout le reste. Parce qu'avoir un bébé n'est pas une mince affaire ! C'est une très grande responsabilité.

Je crois que j'ai été bénie... C'est un bébé très calme une fois qu'il a reçu les éléments de base... Des fesses propres , un ventre plein , des vêtements confortables, etc. De temps en temps, il devient capricieux, mais c'est ce que font les bébés.

Le seul moment où vous avez vraiment du temps pour vous, c'est lorsque bébé est au pays des rêves. Vous pouvez faire la lessive, lire, discuter avec votre moitié (enfin...). Vous pouvez le faire lorsque le bébé est debout, mais vous n'avez pas de distractions lorsque le bébé dort) et pour moi personnellement, c'est le moment où j'écris !

Vous commencez à prendre confiance en vous au fur et à mesure que votre bébé grandit... Pour être tout à fait honnête, j'étais un peu hésitante au début et je doutais un peu de moi... Mais tant de gens me disaient que je serais une bonne mère, alors je me suis encouragée dans cette voie et me voilà !

N'invoquez jamais le fait que vous avez un bébé pour justifier que vous ne pouvez pas faire quelque chose ! Tout est possible à condition d'y mettre du sien ; il est tout à fait possible de concilier le fait d'être mère, de mener une carrière, d'être une épouse et d'être une amie ; tant de femmes y parviennent à notre époque et vous pouvez le faire aussi. Un enfant est déjà une charge de travail en soi, mais en tant que femmes, on nous a inculqué une force intérieure dont nous ne nous rendons même pas compte la plupart du temps !

J'ai souffert d'un peu d'anxiété lorsque je me suis préparée à retourner à l'église un dimanche après presque deux mois d'accouchement. J'avais peur. Terrifiée. Je me disais : *"Qu'est-ce que les gens vont penser de moi maintenant ? Leur perception de moi va-t-elle changer ? Est-ce que je vais faire tout ce qu'il ne faut pas faire avec Jérémie et que les gens vont m'étiqueter intérieurement comme une mauvaise mère ? Suis-je plus grosse ? Serai-je capable de pousser la poussette correctement ? Comment vais-je monter et descendre les escaliers avec la poussette ?*

Avant mon premier jour de retour à l'église, j'étais déjà sortie avec Jérémie, mais c'était la première fois que j'allais quelque part pendant plus de 2 ou 3 heures. Mais l'anxiété a immédiatement disparu dès que j'ai mis les pieds dans mon église - tout le monde était si heureux de me voir, aimait Jérémie et était prêt à m'aider - c'était comme rentrer à la maison, dans la famille élargie. Il est essentiel d'avoir un bon système de soutien lorsqu'on a un enfant, surtout s'il s'agit de son premier enfant - parce qu'on est encore en train d'apprendre et que tout est si nouveau - il est bon d'avoir des gens qui peuvent prendre le relais si on est fatigué ou un peu frustré.

Il y aura des jours comme ça, mais ils ne sont pas fréquents et ne durent pas éternellement. Ne soyez pas trop dure avec vous-même, la maternité est le voyage d'une vie.

7th Janvier 2017

Dieu soit loué !

Mon fils a 3 mois aujourd'hui. Il est actuellement 6 heures du matin et il est éveillé à mes côtés. Je ne sais pas quand ces réveils précoces prendront fin. Il aime se lever dès 5 heures du matin pour jouer.

J'ai commencé à le sevrer des berceuses pour l'endormir. Il doit apprendre à s'endormir seul, ce qu'il fait lentement mais sûrement. Sinon, je le bercerai pour l'endormir jusqu'à ce que Dieu sache quand.

Il a connu une nouvelle poussée de croissance et a commencé à émettre des gazouillis. Les effets des injections qu'il a reçues à 2 mois se sont estompés... Il recevra sa prochaine série d'injections dans quelques semaines.

Il grandit de jour en jour et tout le monde ne cesse de faire des commentaires sur sa croissance. Je découvre chaque jour un peu plus sa personnalité et il me fait rire tout le temps. Il sourit beaucoup plus et j'en suis heureuse. Je remercie Dieu de l'avoir gardé et je peux prier pour qu'il continue.

Je déteste les injections. Devoir regarder ces grosses aiguilles s'enfoncer dans ses petites jambes. C'est une véritable torture ! Mais il fallait le faire. Il faut que je le revoie dans quelques semaines !

En conséquence, mon garçon a un peu froid... En raison du temps très froid et des effets secondaires des injections, je lui débouche le nez tous les jours et il a une petite toux qui s'estompe. Je lui débouche le nez tous les jours et il a une petite toux qui s'estompe. J'ai été jusqu'à aller voir le médecin généraliste qui m'a dit qu'il allait bien... Il faut que mon fils tienne le coup.

C'est un petit garçon très fort pour être honnête - malgré une petite toux, il est toujours souriant et de bonne humeur.

Oh oui ! Jeremiah fait ce drôle de truc et fixe ses mains - c'est à cet âge qu'ils commencent à reconnaître leurs mains et d'autres parties du corps - alors je trouve que lorsque j'allaite, il saisit mes doigts ou essaie même de tenir mon sein... Oui. Mais c'est très agréable de voir son enfant se développer sous ses yeux.

Le temps passe si vite que je me souviens encore de sa naissance et de sa petite taille, alors qu'il est devenu une petite personne sous mes yeux !

16th Janvier 2017

J'ai fait une découverte surprenante avec Jérémie et ses batailles quotidiennes avec le sommeil. Il est actuellement 5h32 du matin - il s'est réveillé vers 4h45 après une tétée - mais ce qu'il fait depuis peu, c'est se frotter vigoureusement les yeux et le visage... Au point de se réveiller tout seul... Je découvre maintenant que c'est sa façon de s'apaiser. L'auto-apaisement des bébés est très important pour qu'ils apprennent à dormir seuls et ne dépendent pas de nous pour les bercer ou les emmailloter pour s'endormir.

Maintenant. Lorsqu'il s'est réveillé, je l'ai pris dans mes bras et je l'ai bercé jusqu'à ce qu'il s'assoupisse, puis je l'ai remis dans son berceau. C'est là que la bataille a commencé. Je ne l'ai pas repris... Je me suis assise au bord du lit... Et je lui ai soufflé au visage (Jérémie fait ce genre de pleurs où aucun son ne sort...). Et son visage devient rouge...) et une fois que j'ai fait cela, il se calme. Il a recommencé à se frotter le visage et les yeux... Je l'ai regardé faire. Puis, il a placé un de ses bras derrière la balle du berceau, sur les parois du berceau. Et a posé sa joue dessus... il a frotté sa joue un peu et s'est progressivement assoupi.

J'ai donc découvert qu'il se réveillait souvent la nuit. Je n'ai peut-être pas besoin de le nourrir (ce que j'ai fait) mais simplement de le faire se rendormir.

Je vais peut-être devoir investir dans un doudou ou un jouet pour dormir s'il continue. Je dois aussi investir dans plus de moufles et de combinaisons de sommeil avec des moufles intégrées - la façon dont il se frotte le visage est tellement agressive que sa peau devient un peu rouge ! Oh, mon enfant... Si c'est comme ça que je peux avoir une nuit de sommeil complète... Nous remercions Dieu ! Il se bat contre le sommeil comme s'il était   dans un match de   boxe !

Croûtes de lait et peau sèche

À partir de l'âge de 2 mois, Jeremiah a souffert d'une peau très sèche, à tel point que je pouvais voir sa peau peler, ce qui, je pense, a contribué à expliquer les démangeaisons qu'il éprouvait en permanence. J'ai essayé plusieurs produits pour assouplir sa peau et la rendre moins sèche, mais rien n'a fonctionné. Sa peau est devenue tellement sèche qu'elle a commencé à ressembler à de l'eczéma.

J'ai d'abord utilisé de l'huile d'olive, mais je me suis renseignée et apparemment l'huile d'olive n'est pas vraiment bonne - mais ensuite certaines personnes l'utilisent et cela fonctionne. J'ai donc arrêté de l'utiliser. J'ai ensuite utilisé de l'huile de noix de coco et sa peau a bien réagi, mais elle a ensuite commencé à être un peu sèche, alors j'ai arrêté.

J'ai fini par utiliser du beurre de karité naturel pour sa peau, et cela a totalement transformé sa peau - chaque fois que je le baignais, je frottais le beurre de karité sur sa peau et je le massais. Avec le temps, sa peau est devenue tellement plus douce et la sécheresse dont il souffrait a disparu.

Mais en réalité, je ne pense pas que sa peau était sèche - l'hiver a été assez froid ici au Royaume-Uni et je pense que la peau d'un bébé est si sensible que cela l'a affectée.

Il a également développé des croûtes de lait en plus de la peau sèche, ce qui explique qu'il se démangeait probablement beaucoup la tête. J'ai trouvé les croûtes de lait très ennuyeuses parce qu'il n'y a pas grand-chose à faire, si ce n'est s'assurer de brosser et de laver les cheveux de son bébé. Il ne faut jamais l'éplucher car il y a un risque d'infection. La partie la plus ennuyeuse des croûtes de lait est que la plupart des bébés passent par là - il s'agit simplement de plaques écailleuses très grasses qui apparaissent sur leur cuir chevelu. Mais heureusement, cela passe !

Il y a encore des moments où sa peau semble un peu sèche, mais cela signifie simplement que je dois continuer à appliquer le beurre de karité lorsque c'est nécessaire.

Si votre enfant a la peau sèche, des croûtes de lait ou toute autre chose qui vous préoccupe, consultez toujours votre médecin généraliste ou votre infirmière pour avoir un deuxième avis. Lorsque j'ai consulté mon infirmière une fois, elle était tout à fait favorable à la méthode naturelle et m'a encouragée à continuer !

J'étais très inquiète lorsque j'ai vu la peau de mon fils et je l'ai immédiatement signalé à mon infirmière - ils sont tous là pour m'aider.

Le bébé qui s'apaise tout seul

Ainsi.

J'ai découvert que mon fils est un peu attaché à moi. Ce n'est pas une mauvaise chose... Mais il est possible que cela ne joue pas en sa faveur lorsqu'il sera plus âgé. Je ne veux pas qu'il soit trop attaché à moi et qu'il soit considéré comme un "fils à maman

Je veux que mon fils soit indépendant (quand il sera plus grand)... Oui, il peut venir voir sa maman pour un soutien moral, des conseils, etc... Mais qu'il ne soit pas attaché à moi au point de ne pas pouvoir fonctionner si je ne suis pas là. J'essaie de le sevrer pour qu'il n'ait plus besoin que je le tienne toujours dans mes bras. Si cela signifie qu'il doit pleurer... Qu'il en soit ainsi. Beaucoup ne sont peut-être pas d'accord avec cette méthode particulière, mais chacun a une façon différente d'élever ses enfants et c'est ainsi qu'ils trouvent ce qui fonctionne le mieux pour eux.

Tant qu'il a été nourri et que ses fesses sont propres, il ne devrait pas y avoir d'autre raison de pleurer pendant une période aussi longue.

De plus. La PRINCIPALE chose que je veux que Jeremiah maîtrise est d'être capable de dormir sans que je le tienne ou le berce pour l'endormir. Il s'améliore déjà... Il doit pleurer un peu... Et puis... Attends un peu... Il met ses deux doigts dans sa bouche et les suce jusqu'à ce qu'il s'endorme... J'ai lu beaucoup de choses sur les bébés qui s'apaisent d'eux-mêmes... Et c'est une bonne pratique pour eux, car cela signifie qu'ils peuvent être très indépendants. Et c'est encore mieux pour moi et mes bras.

En ce moment, il dort à côté de moi après 15 à 20 minutes d'agitation avant de s'endormir tout seul. J'espère juste qu'il s'en sortira et qu'il ne continuera pas à sucer ses doigts à l'âge de 20 ans.

Dieu nous en préserve. Haha.

Mais je prie pour que, avant la fin de la semaine, il cesse de lutter contre le sommeil et que, lorsqu'il a sommeil, il se calme et s'endorme. Il se calmera tout seul et dormira... Et s'endormira progressivement avec tant de douceur   .

Mais je suis heureuse qu'il ait trouvé quelque chose de réconfortant et qu'il ne s'attende pas à ce que je le berce pour qu'il s'endorme.

J'ai fait le choix conscient de ne pas lui donner de sucette parce que je ne veux pas que ses dents soient affectées lorsqu'il sera plus grand ; parce que j'ai fait quelques recherches et que la succion prolongée d'une sucette peut éventuellement affecter l'alignement de leurs dents et peut causer des problèmes avec la croissance correcte de leur bouche. Encore une fois, tout le monde peut ne pas être d'accord avec cela et a ses propres opinions lorsqu'il s'agit de ce qui est le mieux pour son enfant.

L'allaitement

Pendant ma grossesse, je souhaitais ardemment pouvoir allaiter. Parfois, cela n'arrive tout simplement pas - cela ne fait pas de vous une moins bonne mère. J'ai tellement entendu parler de l'allaitement, des liens qui se tissent avec l'enfant et de toutes ces belles choses...

Et me voilà aujourd'hui en train d'allaiter. J'allaite depuis 4 mois - 3 mois exclusivement, mais j'ai dû commencer à mélanger l'allaitement avec du lait infantile parce que mon fils ne prenait pas son poids comme il était censé le faire - rien de trop radical, mais lors de mes visites médicales, nous le pesions et il avait toujours quelques grammes de moins que le poids spécifié qu'il était censé avoir. Mais malgré cela, je pouvais toujours voir que mon fils s'épanouissait. Il était un peu plus léger, mais il respectait toutes les étapes normales du développement.Mais avec l'introduction du lait infantile et la poursuite de l'allaitement, il prend plus de poids parce que ce que fait le lait infantile, ce que j'ai remarqué, c'est qu'il dort beaucoup mieux la nuit - quand j'allaitais exclusivement - pour moi, il se réveillait tellement la nuit et c'est parce qu'il avait faim - je sais qu'au début, les nouveau-nés font cela parce que leur estomac à ce stade est de la taille d'un petit pois - mais quand il a grandi, cela se produisait encore - et les bébés ont besoin d'autant de sommeil que possible pour grandir. Il dormait beaucoup pendant la journée et la nuit, il se réveillait constamment. Mais... aujourd'hui, il se lève souvent dans la journée et dort au moins quatre bonnes heures avant de se réveiller pour téter, ce qui est une très grande amélioration. Beaucoup de gens autour de moi peuvent voir qu'il prend régulièrement du poids et qu'il a l'air de très bien se développer.

Lorsque j'ai pris la décision de mélanger l'allaitement et le lait infantile, pour être honnête, je me suis sentie découragée, j'avais l'impression de ne pas pouvoir fournir à mon fils suffisamment de lait pour qu'il grandisse. Mais les bébés adorent manger ! Cela n'a donc rien à voir avec le fait que je ne fournisse pas assez de lait - ils en ont besoin de plus. Et gloire à Dieu, au moins j'ai pu allaiter exclusivement pendant 3 mois d'affilée, et il allait bien. J'avais décidé d'allaiter jusqu'à ce qu'il atteigne l'âge de 6 mois, mais j'ai compris que les choses ne se déroulent pas toujours selon le plan que l'on a en tête, et ce n'est pas grave, car en fin de compte, il s'agit de l'enfant et de ce qui est le mieux pour lui à ce moment précis.

Mais l'allaitement est magnifique. En tant que mère, vous créez ce lien indéfectible avec votre enfant - parfois, lorsqu'il arrive au stade où il reconnaît votre visage, il lève les yeux vers vous en disant "Tu es ma maman", et parfois même, il affiche un sourire. Lorsqu'ils commencent à reconnaître l'usage de leurs mains, ils commencent à saisir vos doigts, certains pressent votre sein, mais tout cela fait partie de l'expérience d'attachement. Vous vous sentez tellement bien que cet enfant que vous avez porté pendant neuf mois est là et que vous êtes en mesure de le nourrir.

Je suis heureuse d'avoir pu vivre cette expérience, c'est quelque chose d'autre auquel je peux me référer et que je peux partager si nécessaire.

Le quatrième mois !   **2nd Février 2017**

Je suis tellement reconnaissante à Dieu que mon fils ait atteint l'âge de 4 mois !
Merci Jésus.

Quel mois cela a été. Mon fils change, mûrit et devient un petit monsieur. Tout au
long de ce mois, je l'ai vu se développer... Il devient plus interactif, il se rend compte
de l'utilité de ses mains... Il commence à saisir des objets, il émet beaucoup plus de
sons maintenant, il devient très vocal, il sourit beaucoup plus, il fait ce truc
maintenant que lorsqu'il se couche, il soulève le haut de son corps pour essayer de se
lever, c'est un très bon signe ! Cela signifie que ses muscles se renforcent.

Il passe plus de temps sur le ventre... Son cou est encore un peu bancal mais il peut se
tenir debout tout seul.

Il y a eu beaucoup de changements au cours du mois dernier et je ne peux que
remercier Dieu de continuer à être avec nous pendant qu'il mûrit.

Quant au sommeil... Il s'améliore beaucoup. Mais il se bat encore. Il était
manifestement fatigué mais n'a décidé de s'endormir qu'à 2h30 ce matin.

Vraiment ?

Je ne sais pas ce que les enfants pensent manquer quand ils s'endorment...
Honnêtement.

Mais il continue à s'apaiser tout seul... De temps en temps, je dois le bercer un peu
jusqu'à ce qu'il s'assoupisse... Ensuite, je le couche et il s'endort tout seul.

J'espère vraiment que d'ici ses 5 mois, le sommeil sera maîtrisé et qu'il pourra dormir
toute la nuit. Il se réveille encore la nuit pour téter, mais cela a diminué aussi, il ne se
réveille que deux fois. Avant, il se réveillait au moins 5 ou 6 fois.

La situation s'améliore donc également.

Depuis que Jeremiah a commencé à prendre du lait pour nourrissons, il s'est adapté au
biberon, donc Dieu merci, le sevrage ne devrait pas être trop difficile maintenant. Et
il n'y a pas eu de réaction au lait, c'est bien. J'ai un rendez-vous avec l'infirmière dans
3 semaines, nous verrons alors où en est son poids.

Je crois que c'est tout ! J'ai hâte de voir comment il se développe au cours de ce mois
- la seule chose que je n'attends pas avec impatience, ce sont ses injections.... Mais le
bon côté des choses, c'est qu'après cette série d'injections, il n'en aura plus jusqu'à ce
qu'il ait 12 mois.

Que Dieu continue à être avec nous !

Alors... Depuis quelques jours, Jeremiah semble avoir recommencé à lutter contre le sommeil comme jamais auparavant - à tel point que je devais le bercer jusqu'à ce qu'il soit somnolent avant qu'il ne s'endorme... Il est actuellement 7h09 et Jeremiah s'est réveillé dans la nuit parce qu'il se tirait les cheveux - il fait ça quand il est fatigué - et quand il fait ça, il se réveille tout seul.... Il pleure parce qu'il se tire les cheveux si fort !

De plus, dès que j'essayais de le mettre dans son berceau, il se mettait à pleurer et je me demandais vraiment pourquoi il faisait cela, car je voyais bien qu'il était très fatigué !

J'ai même dû revenir à la situation où il était couché sur ma poitrine ! J'ai mis fin à ces pratiques !

Vous savez ce que j'ai fait ? J'ai pris l'oreiller sur lequel je dors et je l'ai mis dans son berceau - c'était un oreiller très plat, donc ce n'est pas trop dangereux... Mais c'est très drôle parce que l'oreiller est grand pour son berceau.

Mais revenons à nos moutons... L'oreiller est donc dans le berceau... Quand il était un peu somnolent, je l'ai posé sur l'oreiller dans le berceau... Et il s'est endormi directement.

Je ne sais pas s'il était vraiment fatigué et s'est endormi. Ou si c'est mon odeur sur l'oreiller qui l'a fait s'endormir. Je vais recommencer et voir si cela fait une différence. Parce que les bébés écoutent l'odeur de leur mère... Elle les calme..

Je verrai bien ce qui se passera... Je prie vraiment pour que je réussisse à vaincre cette histoire de sommeil avec Jeremiah !

Dormir avec son bébé

Le co-sleeping était vraiment mal vu lorsque j'ai quitté l'hôpital après la naissance de mon fils. Lorsque j'attendais ma sortie de l'hôpital, nous avons dû assister à une conférence qui a abordé tous les sujets, depuis les soins à nous apporter pendant notre guérison (j'ai dû me faire faire des points de suture parce que je m'étais un peu déchirée lors de l'accouchement) jusqu'à la nécessité de se reposer pendant que le bébé dort, s'alimente, etc.

Le co-sleeping n'a toutefois pas été encouragé, mais on a veillé à ce que le bébé dorme dans un berceau, les pieds touchant l'extrémité, et à ce qu'il soit couvert pour éviter qu'il ne s'étouffe.

Je comprends qu'un nouveau-né soit frais, minuscule et fragile, mais il arrive qu'il dorme mieux avec sa maman et son papa, et beaucoup de gens le font.

Moi par contre... Je n'ai pas eu de problème avec le fait qu'il dorme dans son berceau, mais maintenant qu'il a 4 mois, il a encore ses moments. Un matin, j'étais tellement fatiguée que j'avais mon fils sur ma poitrine parce que lorsqu'il avait environ 2 ou 3 mois, c'était là qu'il dormait - son père était parti au travail, alors je l'ai couché à côté de moi sur un oreiller très plat et boum - il a dormi pendant environ 4 heures d'affilée. Je pense qu'à cette époque, je n'avais jamais dormi aussi longtemps ! Mais les bébés trouvent l'odeur de leur mère réconfortante, alors je pense que c'est la raison pour laquelle il a dormi si longtemps - mais j'étais très heureuse de cela ! Ainsi, presque tous les matins, après que son père soit parti au travail, il dort avec moi et nous dormons très bien.

Mais si vous savez que vous êtes un dormeur très rigoureux... vous ne devriez vraiment pas dormir avec votre enfant   pour éviter tout accident.

Les professionnels de la santé aiment effrayer les nouveaux parents en parlant de SMSN (syndrome de mort subite du nourrisson). Par exemple, il ne faut jamais coucher son bébé sur le ventre, le co-sommeil n'est absolument pas conseillé, il ne faut pas couvrir le berceau pour éviter qu'il n'ait trop chaud... Je comprends qu'il s'agit de la sécurité de votre enfant, mais en tant que parents, nous sommes les mieux placés pour savoir ce qui nous convient.

Je redoute absolument le moment où mon fils doit être vacciné.

Selon le bébé, il peut soit dormir beaucoup, soit dormir à peine, être très difficile ou grognon, devenir très collant, ou aller tout à fait bien. On dit qu'il peut avoir de la fièvre, surtout avec les trois injections qu'il reçoit en une seule fois à 2 et 4 mois. Lorsqu'il a été vacciné aujourd'hui, il n'a pleuré que lorsque l'aiguille est entrée et c'est tout ! Mais je déteste la voir entrer dans sa petite jambe... mais c'était très rapide.

Une chose qui aide votre bébé lorsqu'il va se faire vacciner est de rester souriant et de faire comme si de rien n'était, car une chose que j'ai remarquée les deux dernières fois que je suis allée le faire vacciner, c'est que j'ai continué à sourire et à lui dire "bien joué" et que les pleurs ont immédiatement cessé et qu'il s'est mis à sourire. Vos enfants se nourrissent de votre énergie - s'ils voient que vous êtes contrariée, cela les affecte ; si vous êtes heureuse, cela les affecte - parce que vous (en tant que mère) êtes la principale personne qu'ils voient, ils observent chacun de vos mouvements et absorbent tout.

Ils copient tout ce que vous faites - mon garçon est très souriant et aime vraiment rire, et c'est comme ça que je suis en général, et je suis si heureuse qu'il ait pris ce genre d'attitude de moi ; parce que dans la vie, il faut être positif, sinon les choses deviennent inutilement difficiles alors qu'elles ne sont pas censées l'être.

Mais je m'éloigne du sujet... les vaccinations se sont déroulées très rapidement et il a dormi pendant un bon moment, ce qui m'a permis de faire beaucoup de choses dans ce laps de temps - mon fils fait partie des bébés qui dorment beaucoup lorsqu'ils reçoivent leurs injections, j'ai donc eu de la chance de ce côté-là !

Maintenant, plus de grosses aiguilles dans ses petites jambes jusqu'à ce qu'il ait 1 an ! Je suis tellement soulagée.

Puis-je vraiment faire cela ?

En tant que jeune maman, il m'arrive de douter de moi et de mes capacités. Cela vous est-il déjà arrivé ?

Vous voyez bien que vous faites ce qu'il faut pour votre enfant, mais parfois un sentiment résonne en vous, comme si... Je ne peux pas faire ça ?

Je peux vous dire dès maintenant que c'est possible. Ce qui provoque ce sentiment de doute, en particulier chez les nouvelles mères comme moi, c'est le stress de vouloir tout faire correctement, ce qui augmente la frustration lorsque l'on fait quelque chose de mal. Nous nous comparons parfois inconsciemment à d'autres mères que nous voyons dans le monde, ou même parmi les gens que nous connaissons, mais nous devons garder à l'esprit que chaque personne est différente, que la façon dont elle s'occupe de ses enfants est différente, que son attitude à l'égard de certaines choses est différente.

Cela ne signifie pas que vous êtes une moins bonne mère, mais simplement que vous êtes différente des autres. Certaines mères choisissent de donner des tétines à leurs enfants ; c'est leur choix ; d'autres, comme moi, ne donnent pas de tétines à leurs enfants ; la façon dont vous élevez votre enfant est ce que vous pensez être le mieux pour lui.

Tout le monde aura son opinion et tout le monde aura toujours quelque chose à dire, mais ils ne rentreront pas chez eux avec vous, n'est-ce pas ?

Ne doutez pas du tout de vos capacités, maman, vous faites de votre mieux.

Le caca et au-delà

Je n'aurais jamais pensé que voir du caca pouvait être aussi excitant.

Cela semble étrange, n'est-ce pas ? En tant que mère, cela devient un sujet de conversation quotidien. En fait, il s'agit d'une conversation *saine*, car le caca d'un bébé est le reflet de sa santé et de la façon dont sa digestion se déroule.

Quand ils sont nouveau-nés, leur caca est NOIR. Mais c'est parce qu'ils viennent de sortir de l'utérus et que c'est leur première crotte pleine de toutes les substances qu'ils ont ingérées.

Et à partir de ce moment-là, leur caca change de couleur jusqu'à ce qu'il devienne jaune moutarde (à moins que vous ne l'ayez mis directement au lait maternisé), puis je crois que c'est une sorte de teinte brune ?

Je jubilais littéralement à chaque fois que mon fils faisait caca ! Je pense que lorsqu'il a eu environ 2 mois et qu'il est passé à 3 mois... Le schéma de son caca a changé... Il faisait un caca peut-être deux fois par semaine... Avant, c'était tous les jours. Je me suis donc un peu inquiétée... Mais il a continué à faire ses couches humides normales, ce qui signifie qu'il est bien hydraté.

Mais c'est tellement drôle qu'en tant que mère, vous surveillez tout de votre petit... Qui peut avouer avec moi que lorsqu'ils dorment... Surtout lorsqu'il s'agit d'un nouveau-né, vous vérifiez qu'il respire encore ?

Moi aussi !

Le cinquième mois   **4th Mars 2017**

Merci Jésus ! Mon fils est arrivé à 5 mois ! Je n'arrive pas à y croire ! Je le regarde tout le temps et je me dis : " N'es-tu pas né hier ?

Il grandit tellement... Il sait maintenant faire travailler ses bras et ses doigts... Il a attrapé ma chemise et l'a tenue avec tant de force ! Il babille et couine de plus en plus... Il fait ses "ba ba" et ses "la la", il roule maintenant... Il peut s'asseoir avec mon soutien, mais je vais lui acheter un jouet qui lui permettra de s'asseoir et de jouer avec des objets très colorés... Et puis... Le sevrage va bientôt commencer... J'ai hâte que le sevrage commence ; c'est là que le plaisir commence vraiment !

J'ai découvert que mon fils n'aime PAS l'eau. Je me sens un peu insultée, car c'est tout ce que j'ai bu pendant ma grossesse - de l'eau en bouteille réfrigérée, de l'Evian pour être exacte ! Mais je pense qu'en continuant à lui en donner petit à petit chaque jour, il s'habituera au goût.

J'ai hâte de voir ce qui se passera au cours de ce nouveau mois !

Pourquoi les gens jugent-ils presque instantanément lorsqu'ils voient quelque chose qu'ils n'approuvent pas ?

J'étais dans le bus qui me ramenait à la maison et mon fils pleurait dans la poussette. Les pleurs étaient continus. Au point qu'il s'est mis à couiner et à gémir.

Avant d'en arriver là, j'ai vérifié qu'il allait bien. Il avait été nourri, nettoyé et avait fait son rot avant que je ne quitte l'endroit où je me trouvais pour prendre le bus.

J'ai vérifié quelque chose parce que mon fils est très habitué à être porté et a développé un attachement à mon égard que j'essaie activement de briser. Avant de poursuivre... Les bébés s'attachent bien sûr à leur mère... Mais c'est lorsqu'ils deviennent trop attachés et qu'ils veulent que vous les teniez tout le temps que cela devient un problème. Je poursuis donc l'histoire... J'ai lentement enlevé le couvercle en plastique, j'ai abaissé le capot de la poussette et je me suis approchée de lui comme si je venais le chercher.

Il s'est arrêté de pleurer instantanément.

C'est quelque chose qu'il fait depuis peu, alors je le laisse pleurer.

Le nombre de regards désobligeants que j'ai reçus dans le bus était ridicule. Un homme s'est même approché de moi pour me dire que mon enfant pleurait et que je devais aller le chercher. Si j'avais cédé à la pression, je l'aurais fait. Mais je ne le ferai pas, car les gens ont tellement de choses à dire lorsqu'ils ne comprennent pas.

Je suis monté dans deux bus et dans les deux bus, je l'ai contrôlé et il a continué à faire la même chose.

Mon fils a fini par s'endormir.

Je suis une nouvelle maman, certes, mais il y a quelque chose qui m'a été inculqué avant même la naissance de mon fils, et c'est l'intuition.

Avant la naissance de mon fils, j'ai passé une semaine à l'hôpital et on m'a beaucoup parlé de ce qui m'arrivait et de ce qui pourrait arriver à mon enfant.

Pourtant, mon fils est arrivé en bonne santé et heureux.

Comment osez-vous me dire ce que je dois faire avec mon propre enfant ? Vivez-vous avec moi ? Savez-vous comment va mon enfant au quotidien ?

Non, vous ne le savez pas. Alors comment estimez-vous avoir votre mot à dire sur la façon dont je dois m'occuper de mon enfant ?

Oui, vous ne supportez probablement pas les pleurs, mais je sais pourquoi je fais ce que je fais.

De plus, il n'a que 5 mois, à moins que je n'aie vraiment besoin de le sortir, je le ferai, mais s'il n'y a pas de besoin urgent, je ne le ferai pas.

S'il pleurait parce qu'il avait faim et que je devais sortir mon sein, j'aurais encore des regards amusés, donc dans tous les cas, je ne peux pas gagner !

Beaucoup de gens ne sont pas d'accord avec l'idée de laisser les bébés pleurer, mais en fin de compte, n'y a-t-il pas eu une époque où cette méthode était activement pratiquée ?

Je refuse que mon enfant soit attaché à ma hanche - ce sera un enfant qui pourra être indépendant et qui me permettra aussi de continuer à faire des choses.

Quand votre enfant est trop attaché à vous... C'est très difficile ; quelle que soit la personne à qui vous le confiez, l'enfant pleurera pour vous et voudra que vous le teniez tout le temps dans vos bras - et alors, que pouvez-vous faire ?

Alors, à tous ceux qui avaient quelque chose à dire, soit à haute voix, soit dans leur tête, et qui ont jeté des regards bizarres - vous ne vivez pas avec moi, vous ne connaissez pas mon fils. Je dois même poser la question : avez-vous des enfants pour comprendre où je veux en venir ?

L'image corporelle et la nouvelle mère

Les seins tombent.

Des vergetures tatouées dans la peau.

Graisse de bébé.

Les muscles du bas se sont relâchés.

Incontinence.

Perte de cheveux post-partum.

Le fait de devenir mère a des conséquences sur le corps. C'est en partie la raison pour laquelle de nombreuses mères souffrent de dépression post-partum. La quantité de changements qui s'opèrent dans le corps d'une femme avant et après la grossesse dépasse l'entendement.

Personnellement, j'ai remarqué que mon corps avait radicalement changé, en bien comme en mal. J'ai perdu une grande partie de la graisse de bébé que j'avais (Alléluia), mais en échange, j'ai une quantité disgracieuse de vergetures sur tout le ventre, et la peau de mon ventre est beaucoup plus foncée qu'avant. De manière générale, ma peau est devenue beaucoup plus sèche et j'ai remarqué qu'elle se cicatrise facilement. J'ai perdu un peu de ma ligne de cheveux à cause de la perte de cheveux post-partum... et dire que j'étais si heureuse de voir mes cheveux pousser autant pendant la grossesse !

Cela ne m'a pas abattue, oh non - je le regarde simplement et je me souviens de mon voyage de 9 mois. Parfois, je l'admets, je le regarde et je n'aime vraiment pas mon apparence, mais ensuite je regarde ce dont j'ai été bénie et j'oublie tout cela.

En tant que femmes... Nous nous inquiétons de notre apparence... Nous nous demandons si nous pouvons retrouver notre apparence d'avant la grossesse... Même si c'est tout à fait possible, notre corps n'est jamais le même.

Nous subissons beaucoup de choses. BEAUCOUP DE CHOSES. Après l'accouchement, il y a un processus de guérison qui doit avoir lieu... Surtout si vous avez eu une déchirure musculaire permanente et que vous avez besoin de points de suture... Il y a beaucoup de choses qui se passent quand on a un bébé et dont tout le monde ne parle pas. Tout ce que l'on voit, c'est la mère qui crie, puis un beau bébé qui sort de l'utérus. Il y a bien plus que cela.

Tant de complications peuvent survenir sur ce lit d'accouchement... Ce n'est que par la grâce de Dieu que l'on peut s'en sortir.

Les changements qui se produisent NE font PAS de vous une femme moins importante, mais prouvent au contraire que vous êtes une superwoman ! Votre corps a été capable de supporter le stress de porter un être humain en vous.

Quelle réussite !

Il est compréhensible que tu te lamentes sur tous les changements que ton corps a subis, mais cela fait partie du processus, et Dieu nous a donné la force et la capacité de le traverser !

Toutes ces choses ne font pas de vous une moins bonne femme, elles montrent plutôt à quel point vous êtes une femme - pour être capable de vivre chaque jour et de nourrir un être humain qui grandit en vous - tout en étant capable de fonctionner et de s'occuper de vos autres enfants (pour les mamans qui ont plus d'un enfant).

C'est une bénédiction. Vous êtes beaucoup plus forte que vous ne le pensez, supermaman - les changements que votre corps a subis sont la preuve que vous avez beaucoup de force et de résistance. Soyez fière de votre corps. Aimez-vous, embrassez tout ce qui concerne le corps que Dieu vous a donné.

5 mois et sevrage
14th Mars 2017

Je suis en train de sevrer mon enfant ! Où est passé le temps Seigneur ?

En l'espace d'une semaine, beaucoup de choses ont changé. Personnellement, je n'ai pas complètement arrêté de donner le sein à mon fils, mais cela se limite maintenant à la soirée et à l'heure du coucher. Ce que je fais, c'est que j'introduis lentement des aliments semi-solides dans son alimentation... par exemple, hier, il a essayé la purée de carottes - de la gamme Ella's Kitchen.

Il a aimé, c'est tellement drôle de voir leurs visages quand on leur présente quelque chose de nouveau, le visage de dégoût, d'étonnement, et puis la dernière émotion est "oooh, c'est vraiment bien en fait" et puis parfois... vous obtenez un visage plein de salive et de nourriture en purée. C'est très beau !

Mais il y a deux types de méthodes de sevrage dont je me suis rendu compte : la méthode de sevrage générale, qui consiste à introduire des aliments semi-solides, et l'enfant s'adapte aux différents goûts et textures... et le sevrage dirigé par le bébé, qui consiste à ne pas introduire d'aliments semi-solides et à passer directement aux aliments solides, aux carottes, etc.

Le moment de commencer le sevrage est celui où vous voyez que votre bébé s'intéresse à votre nourriture, qu'il la regarde avec une telle attention, qu'il tend la main pour l'attraper, mon garçon en particulier ouvrira la bouche ou se dirigera vers la nourriture ou la boisson que vous tenez dans vos mains !

Mais il est évident qu'il ne faut pas commencer à leur donner de grandes quantités d'aliments semi-solides, il faut commencer petit et progresser parce que c'est quelque chose de tout nouveau pour eux - tout ce à quoi ils sont habitués est le lait maternel ou le lait maternisé.

Une fois que vous voyez qu'il finit la petite portion que vous lui donnez, augmentez progressivement jusqu'à ce qu'il finisse tout - le plus important dans le sevrage est la *patience*. Certains bébés ne réagissent pas immédiatement aux nouveaux goûts, il faut donc continuer à essayer au moins 3 ou 4 fois pour qu'ils s'habituent au goût.

La chose la plus importante dans le sevrage est de commencer avec des légumes et des aliments sains (riz pour bébé, bouillie...) parce que même si cela ne semble pas beaucoup, vous êtes en train de fixer leurs habitudes alimentaires à partir de maintenant. Si vous leur donnez trop d'aliments sucrés, tout ce qu'ils voudront goûter sera sucré et il sera plus difficile d'introduire des légumes et des aliments qui sont bons pour eux - ce ne sera pas impossible, ce sera juste plus difficile.

Je n'arrive pas à croire que le temps passe si vite !

Jouets et développement

J'ai récemment acheté à mon fils un "playnest" (photo ci-dessous) et je peux vraiment voir qu'il se développe et devient de plus en plus interactif - c'est vraiment une chose magnifique à voir. Quelque chose qui a mis 9 mois à se créer à l'intérieur de vous est maintenant en train de grandir, de se développer, de réagir et de jouer. Dieu est bon.

La raison pour laquelle j'ai acheté le Playnest est que, outre le fait que mon fils aime beaucoup les couleurs, il a besoin de commencer à sentir et à toucher différentes choses et d'apprendre en les explorant par lui-même. Le Playnest est bon pour le développement sensoriel et cognitif car il contient toute une série d'animaux : un zèbre avec un nez très doux et poilu, un lion qui fait un bruit très froissé, un perroquet avec un bec grinçant, un singe avec des bras froissés et un soleil avec de petits rubans qu'ils peuvent toucher et caresser. Cela leur permet d'utiliser leurs mains et de différencier les couleurs et les textures. Le plus amusant, c'est que lorsque j'y installe mon fils, il s'y allonge au lieu de s'y asseoir.

Mais aujourd'hui, il s'en occupe beaucoup, utilisant ses petites mains pour tirer sur les bras du singe et pour toucher le lion qui se froisse... c'est agréable à regarder.

Mais je vois bien qu'il aura besoin d'un large éventail de jouets car c'est un bébé très actif - toujours en train de bouger et de vouloir toucher les choses - mais cela fait partie de la curiosité des enfants.

Il est bon de voir ce qu'ils aiment et ce qu'ils n'aiment pas, de sorte que lorsqu'ils devront aller à l'école, vous serez en mesure de savoir quel type d'apprenant ils seront, car chaque enfant apprend d'une manière différente : certains peuvent être kinesthésiques, où ils apprennent mieux physiquement, en utilisant leurs mains et leur corps, d'autres peuvent être visuels, où ils apprennent mieux avec des images, des photos et des vidéos, d'autres encore peuvent être linguistiques, où ils apprennent en écrivant - tout cela vous le verrez avec le temps, mais il est utile de leur fournir une gamme de jouets afin que leur développement global puisse croître et mûrir.

J'ai passé en revue un catalogue de produits que j'aimerais évaluer et partager mon expérience avec eux.

Je sais que chaque bébé est différent et que vous avez peut-être eu une expérience moins bonne ou meilleure avec certains de ces produits - je ne fais que donner mon avis personnel sur ces produits et mes recommandations personnelles.

Couches Pampers Premium Protection

J'ai utilisé ces couches jusqu'à ce que Jeremiah atteigne l'âge de 3 mois. Le seul problème que j'ai eu avec ces couches, c'est que de temps en temps Jeremiah avait des fuites au hasard. Ce n'est pas très joli. Parfois, je devais changer Jeremiah au milieu de la nuit à cause des fuites.... Ce qui n'est pas conseillé. L'avantage de ces couches est la bande sur le devant qui passe du jaune au bleu et qui indique que la couche de bébé doit être changée. J'ai trouvé cela très pratique.

Couches Pampers baby dry

Ces couches. Oui. Oui. Quelqu'un m'en a offert un paquet et depuis, j'en mange comme du fromage sur une tartine. Elles sont fidèles à leur nom : baby dry. Elles gardent vraiment bébé au sec ! Depuis que j'ai commencé à les utiliser (depuis que J a eu 3 mois), il n'y a pas eu de fuites - et je ne sais pas si vous avez déjà vu la publicité avec les bébés et si vous vous êtes demandé " Où est passé tout le pipi ? Ces couches sont en vente chez Tesco. Deux paquets pour £18 alors qu'un paquet est à £14.

Huggies Newborn Baby wipes

Ces lingettes m'ont été offertes et j'en suis tombée amoureuse. Elles ne sont pas trop humides, mais suffisamment pour faire le travail. Elles ne sont pas parfumées et je pense qu'elles sont arrivées au bon moment pour que je les utilise sur Jérémie. J'ai commencé à utiliser les lingettes sur lui dès qu'il a eu un mois et aucune réaction ! Le seul inconvénient est que je n'ai pu trouver ces lingettes que chez Asda.

Lingettes pour bébés

Il s'agit également d'un cadeau qui est arrivé au bon moment ! Ces lingettes sont très humides et ont un parfum assez fort, mais en ce moment où les crottes de Jeremiah deviennent très piquantes et assez régulières, elles nettoient très bien le désordre et laissent une très bonne odeur dans sa zone.

Lingettes Pampers pour bébés sensibles

Elles sont similaires à celles de Huggies. J'aime les lingettes non parfumées mais juste assez humides pour faire l'affaire.

Gouttes nasales et aspirateur Snufflebabe.

J'ai eu besoin d'acheter ce produit lorsque Jeremiah a eu un petit rhume et une toux, et il a vraiment aidé. Jeremiah est un bébé qui renifle depuis qu'il est sorti de l'hôpital. Mais lorsqu'il a eu un petit rhume (vers 2 mois), ces deux produits ont fonctionné

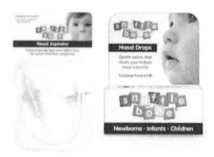

main dans la main. Les gouttes nasales ont ramolli le mucus dans son nez et chaque fois que j'utilisais l'aspirateur pour aspirer la morve, une bonne quantité en sortait. Puis il a fini par se débarrasser de son rhume ! Vous pouvez vous procurer ces

produits chez Boots... ou les commander en ligne.

Nettoyant pour le corps et les cheveux sensibles de la ferme des enfants

C'est le premier produit de lavage que j'ai utilisé sur Jeremiah et il était très bien jusqu'à ce que je remarque qu'il commençait à avoir une petite éruption cutanée. J'ai alors arrêté de l'utiliser. Je l'ai utilisé sur ses cheveux et il les a très bien lavés, mais je pense qu'il n'était pas d'accord avec lui. Vous pouvez l'acheter chez Superdrug pour

£3.99 (points Beautycard !)

Bain de bébé Burt's Bees

J'ai acheté ce produit en me basant sur toutes les bonnes critiques que j'ai lues. Mais ce n'était pas bon pour Jeremiah - à ce stade, Jeremiah avait des plaques de peau sèche qui commençaient à ressembler à de l'eczéma... Je voulais donc un bain qui aiderait à rendre sa peau douce... Sur l'emballage, il est indiqué que la peau de bébé sera douce et souple. Mais le bain est plutôt parfumé, et je pense qu'il a exacerbé le problème de sa peau. Ce bain est à 10£ chez Boots !

Biberons Tommee Tippee Plus près de la nature

Je n'utilise ces biberons que depuis 2 semaines mais Jeremiah s'y est adapté très rapidement. Au départ, j'avais acheté des biberons Dr Brown's en me basant sur les commentaires, mais j'ai vraiment eu du mal... J'ai alors réalisé qu'il n'aimait peut-être pas le biberon. Mais avec ces biberons, les tétines du biberon sont semblables à des mamelons... Et Jeremiah adore le sein, alors j'ai pris un biberon de mon tire-lait et je l'ai utilisé... Qu'est-ce que vous en pensez ? Il a adoré. Je vais donc utiliser les biberons Tommee Tippee à partir de maintenant. Le sevrage sera un jeu d'enfant !

Earth Friendly Products Baby Laundry Detergent - Camomille et Lavande
Je ne savais pas trop quoi utiliser pour laver les vêtements de J. - comme vous le savez, la peau d'un bébé est très sensible - alors utiliser la lessive que j'utilise pour laver mes vêtements, c'était vraiment non. Grâce aux bonnes connaissances d'une amie, j'ai découvert cette lessive et c'est un rêve. Il n'a rien fait à la peau de mon fils, il sent très bon et il n'est pas trop cher. De plus, il dure assez longtemps (cela dépend de la fréquence à laquelle vous lavez les vêtements de votre bébé. J'ai tendance à les laver une fois par semaine... deux fois par semaine si il y a eu des accidents lol). Une bouteille de ce produit ne coûte que £6.99, mais il n'est disponible qu'à Whole Foods - ou vous pouvez le commander en ligne.

Circoncision

J'ai décidé de circoncire mon fils à l'âge de 2 mois. Le plus tôt est le mieux, dit-on, et je suis si heureuse de l'avoir fait. Sa décision de se faire circoncire n'était pas sous l'influence de la religion, mais plutôt un choix personnel pour que mon fils n'ait pas de problèmes lorsqu'il sera plus âgé.

La personne qui a pratiqué la cirucumination de Jeremiah était très bien - il a été rapide, efficace et est venu chez moi pour faire la cirucumination au lieu que ce soit moi qui vienne chez lui - quand j'ai pris le rendez-vous, il a même recommandé lui-même de venir parce que c'était mieux pour le bébé.

En tant que nouvelle maman, c'est extrêmement rassurant et j'ai pris rendez-vous immédiatement. Il a été très précis lorsqu'il est venu m'expliquer comment prendre soin de mon garçon dans le cadre du processus de guérison et, en une semaine, il était guéri.

On lui a donné du paracétamol pour nourrissons et le monsieur ne m'a PAS laissé regarder, ce qui était une très bonne idée - je ne pense pas que j'aurais pu le supporter même si j'avais demandé à pouvoir regarder !

Cette expérience est très différente d'une injection dans la jambe !

Mais je suis ravie que tout soit allé si vite et que mon fils n'ait pas pleuré trop longtemps - il s'est même endormi !

Le sommeil, encore !

Eh bien... Jeremiah a franchi une nouvelle étape dans son sommeil ! Il dort beaucoup plus profondément maintenant... et attendez, il aime maintenant dormir sur le côté plutôt que sur le dos.

J'ai lu des articles à ce sujet sur Internet et c'est quelque chose que certains bébés font. Maintenant, quand il s'endort dans son berceau, il se tourne automatiquement sur le côté et il s'endort rapidement.

Mais cela me rappelle ma grossesse, quand je dormais sur le côté (en fait, il faut dormir sur le côté parce qu'il n'est plus possible de dormir sur le ventre).

Je peux définitivement témoigner que le sommeil s'améliore - il se réveille encore la nuit pour les tétées, mais pas autant que les premiers jours.

Je commence à me sentir à nouveau comme un être humain - je dors plus de 2 heures ! Le plus ennuyeux dans tout ça, c'est que maintenant qu'il a des périodes de sommeil plus longues, parce que je suis tellement habituée à me lever au milieu de la nuit, je me lève au milieu de la nuit ! J'espère donc pouvoir retrouver mon rythme de sommeil !

Je me demande combien de temps il faudra pour qu'il puisse dormir toute la nuit sans tétée ?

La maternité et ses nombreux rôles

Bien.

Devenir mère n'est pas facile - et nous avons beaucoup d'autres rôles à jouer. Nous ne sommes pas seulement des mères, nous sommes des épouses, des partenaires, des amies et, surtout, des femmes.

En tant que mère, les gens attendent beaucoup de nous : nous devons être capables de bien nous occuper de nos enfants, de soutenir notre partenaire et, en plus, nous devons être belles, sinon nous serons définitivement méprisées.

Je comprends que lorsque nous avons des enfants, nous sommes leurs modèles et nous devons donc être capables de donner le bon exemple - mais il n'est pas facile de jongler avec tous ces rôles et il faut la force de Dieu pour y parvenir.

Mais à partir du moment où vous devenez mère, vous pouvez voir que vous POUVEZ le faire - c'est parfois stressant, oui, tout le monde autour de vous peut vous frustrer parfois - parce qu'ils ne savent pas ce que vous ressentez, ce à quoi vous pensez et tous les autres millions de choses qui vous traversent l'esprit - et même si vous essayez de les décomposer et de les expliquer, ils peuvent dire "je comprends", mais ils ne le font pas vraiment ! En tant que mère, il y a tellement de poids qui pèse sur vous, mais Dieu sait pourquoi il a fait de vous une mère, il sait que vous pouvez le supporter, il vous a donné cet enfant pour que vous en soyez la gardienne ici sur terre, il sait pourquoi il l'a fait.

Il n'y a donc pas lieu de s'inquiéter ! Votre enfant est une bénédiction. Vous êtes une mère formidable. C'est normal de faire des erreurs, c'est normal d'être fatiguée, vous n'êtes qu'un être humain. La chose la plus importante que j'ai apprise en devenant mère est que vous avez vraiment besoin d'une bonne unité de soutien autour de vous - même si vous êtes une mère célibataire, votre unité de soutien doit être là, même si ce n'est pas la famille immédiate.

Il y a tant de choses que vous pouvez faire par vous-même - juste de petites choses comme aller au magasin pour acheter de la nourriture pour le bébé ou ramasser quelques affaires à la maison, cela vous aide énormément.

Mais j'applaudis toutes les mères qui existent - ce n'est pas facile parce que nous avons tellement de rôles à jouer en tant que femmes. Mais à la fin de la journée, nous y arrivons !

Votre bébé est un individu unique

Je me suis surprise à comparer mon fils à tous les autres enfants que je voyais lors de mes sorties. Je me posais des questions et me demandais pourquoi ce bébé était si grand et lui si petit, mais en réalité, chaque bébé est un individu à part entière et sa croissance sera bien sûr différente de la vôtre.

Tout d'abord, c'est une question de génétique, bien sûr, et ensuite, vous n'avez pas besoin de comparer parce que votre enfant est différent. Son apparence est différente, sa voix est différente, sa croissance est différente.

J'étais surtout préoccupée par le poids de mon fils - il est né une semaine plus tôt que prévu, ce qui, je pense, a contribué à sa prise de poids - il prenait régulièrement du poids, mais il n'y avait pas de moments où il prenait beaucoup de poids à un moment donné et peu à un autre - il prenait du poids petit à petit.

Mais même si son poids n'augmentait pas aussi rapidement que je l'aurais souhaité, il franchissait toutes les étapes normales, comme essayer de s'asseoir, lever le cou, rouler, etc... Je me demandais surtout pourquoi il n'était pas aussi gros et potelé que tous les autres bébés que je voyais.

J'aurais dû être plus patiente parce que maintenant il devient gros et charnu - c'est une chose que nous devons arrêter en tant que parents - nous devons arrêter de comparer nos enfants - chaque enfant ne sera certainement pas le même, et c'est ce qui les rend si spéciaux.

L'importance du père

J'ai lu un article en ligne sur "l'importance d'un père" et c'est très vrai, un enfant a besoin de son père autant qu'il a besoin de sa mère. Je sais qu'à notre époque, il y a tant de mères célibataires et je félicite toutes les mères célibataires qui assument à la fois le rôle de mère et de père ; ce n'est vraiment pas un travail facile ; je ne peux pas parler d'expérience personnelle, mais j'en ai été témoin par l'intermédiaire d'amis et de parents - cela peut être une véritable lutte, surtout si vous ne disposez pas d'un système de soutien solide.

Les enfants élevés uniquement par leur mère s'en sortent très bien, mais il y a toujours un vide là où le père aurait dû se trouver.

La présence du père est bénéfique, non seulement parce qu'il y a des mains supplémentaires, mais aussi parce qu'il y a des choses dont l'enfant ne veut peut-être pas parler ou se confier à sa mère, mais plutôt à son père. Il y a un équilibre entre les devoirs de la mère et ceux du père, mais surtout, la présence du père a quelque chose de positif : c'est un modèle masculin solide que les garçons et les filles peuvent admirer.

Encore une fois, la monoparentalité n'est le choix de personne, malheureusement les choses ne fonctionnent pas, ou les choses ne fonctionnent tout simplement pas en général - c'est ainsi que va la vie, et encore une fois, cela ne fait pas de vous une mauvaise mère.

Il arrive même qu'il y ait des pères célibataires - là aussi, je félicite les pères qui le font, car je sais qu'il est un peu plus difficile pour les hommes d'élever des enfants seuls, mais ils peuvent le faire !

Je loue toutes les mères et tous les pères célibataires, vous êtes extraordinaires.

Se remettre sur les rails

Depuis l'accouchement, je suis très motivée pour me remettre sur les rails de l'écriture.

Avant et pendant ma grossesse, je me sentais très paresseuse pour écrire.... Je manquais de motivation... Je souffrais de l'angoisse de la page blanche et j'avais envie d'abandonner.

J'écris depuis des années et mes écrits n'ont pas atteint un stade où je suis bien établi et où il y a une sorte de familiarité associée à mon blog ou à mes écrits en général.

Mais à qui la faute ? La mienne. C'est pourquoi j'ai décidé d'écrire ce livre, pour me prouver que c'est possible et pour rendre mon fils fier.

Mais depuis que j'ai eu mon fils... J'ai pris de l'ardeur et j'ai beaucoup d'objectifs en matière d'écriture que je veux vraiment atteindre cette année.

Je pense que c'est l'idée que mon fils m'admire qui me pousse. Je veux qu'il voie qu'il n'a pas une mère qui se contente de rester à la maison. Je ne veux pas dire qu'être une mère au foyer est une mauvaise chose, mais pour moi personnellement

Je sais qu'il me reste encore beaucoup à accomplir - ma vie ne s'arrête pas là.

Je veux qu'il soit fier de m'avoir comme mère - je veux qu'il sache que quoi qu'il veuille faire dans la vie, il peut le faire.

Et pour moi-même, je veux savoir que je peux réaliser tout ce que je veux.

Je ne veux pas utiliser l'excuse que j'ai eu un enfant et que je n'ai donc pas eu le temps de faire quoi que ce soit.

Il faut prendre le temps.

Dieu ne fait rien par hasard. Il sait exactement ce qu'il fait - s'il savait qu'il a permis la venue d'un bébé à un moment particulier de votre vie où vous n'étiez pas prête, il ne le libérerait pas. Il sait ce qui est bon pour ta vie. Même si tu penses que tu n'es pas prêt et que Dieu le libère, il sait pourquoi et tu finiras par le voir par toi-même.

D'une certaine manière, la naissance de mon fils m'a redonné l'envie de poursuivre mes rêves.

Je prie pour qu'avec l'aide et les conseils de Dieu, j'y parvienne et que mon fils soit fier de sa maman.

x

Merci Seigneur !

Mon fils a 6 mois ! Je suis ravie. Je n'arrive pas à croire qu'il ait atteint 6 mois. Je n'arrive vraiment pas à y croire. C'est tout simplement incroyable.

Je vous ai eue hier !

La façon dont le temps passe est incroyable - je cligne des yeux et il a 1 an, C'est ce que l'on ressent littéralement.

Mais, wow, Jeremiah a déjà parcouru un long chemin. Jeremiah a déjà parcouru un long chemin - je me souviens qu'il était si petit et que je le portais partout dans mes bras - maintenant il est en passe de devenir un petit gentleman, je le laisse faire ce qu'il veut et jouer - il peut s'asseoir un peu plus longtemps tout seul, il sourit et ricane maintenant... son contact visuel est si net ! Il pleure à chaudes larmes quand je quitte la pièce, il se déplace sur le ventre, prêt à ramper à tout moment, il rit et c'est un son si doux et si rassurant à entendre, ses cheveux poussent tellement qu'il y a tant de choses à se remémorer.

Il fait aussi ce qu'il y a de plus beau en .... tirant mes boucles d'oreilles et mes cheveux ! Oh !

Seigneur !

J'aime les grandes boucles d'oreilles. Je vais devoir arrêter de les porter pendant un certain temps, jusqu'à ce qu'il arrête... ! (S'arrêtera-t-il ?)

Il fait la chose la plus mignonne maintenant - si j'approche mon visage du sien, il lèvera les bras et me caressera le visage. C'est tellement adorable.

Il parle de plus en plus fort maintenant, il fait de plus en plus de "ba-ba" et de "da-da", et il couine de plus en plus.

Jeremiah est connu pour être " agité " - il aime beaucoup battre des jambes quand il est excité, quand il joue... à n'importe quel moment. Cela a beaucoup augmenté - je me demande s'il sera un Gonzalez rapide quand il commencera à marcher...

Je réduis l'allaitement... je ne l'allaite que la nuit et je vais progressivement le sevrer du sein... Idéalement, j'aurais aimé arrêter maintenant... mais je vais travailler activement sur l'allaitement ce mois-ci et j'espère que d'ici le mois prochain, il ne sera plus au sein. Il boit des biberons et mange des aliments semi-solides, donc ça ne devrait pas être trop difficile.

Les choses changent... Bientôt, il aura des dents... il mangera de la bonne nourriture et parlera !

Je suis tellement impatiente de vivre tous ces moments - je suis tellement reconnaissante que les six premiers mois de la vie de mon fils aient été si joyeux. Je ne peux qu'espérer que les six prochains mois seront remplis de la même joie, voire davantage !

Cher Jérémie,

Je t'aime tellement et je veux que tu aies ce qu'il y a de mieux, plus que ce que j'ai eu en grandissant.

Je t'ai eu à un moment de ma vie où les choses n'étaient pas ce que je voulais qu'elles soient, mais Dieu en savait plus que moi.

Vous êtes arrivé au bon moment.

Tu es ma motivation. Tu me donnes la volonté de faire mieux, d'être meilleur. Quand je pense à toi, cela me remet dans le droit chemin et me rappelle que je peux encore faire mieux - après tout, c'est moi et ton père que tu vas admirer. Je fais encore des erreurs, mais cela m'aidera à vous apprendre à faire ce qu'il faut dans la vie.

Je serai toujours là pour toi... Dans les moments difficiles de la puberté... Tout au long de l'adolescence.. Et en devenant un jeune adulte... Même quand tu auras ta propre famille, je serai toujours là, à l'extérieur, pour t'apporter le soutien moral dont tu auras besoin.

Je serai ton épaule pour pleurer. Je serai le premier à te remettre sur la bonne voie si je vois que tu t'égares.

Il m'arrivera de dire ou de faire des choses que tu n'aimeras pas ou avec lesquelles tu ne seras pas d'accord, mais sache que c'est pour ton bien. Je suis toujours ta mère et je dois encore te guider vers le   bon endroit   .

Je prie toujours Dieu pour qu'il me donne la sagesse et les connaissances nécessaires pour faire de toi la personne formidable que tu es destinée à devenir. Je regarde ton visage et je vois la bénédiction. Je regarde ton visage et je vois la prospérité. Je regarde ton visage et je vois la joie pure.

Tu me donnes de la joie. Je pourrais me sentir un peu déprimé, mais dès que je vois ce sourire sur ton visage, je suis rempli de joie et je commence à me sentir mieux. Que cette joie ne te quitte jamais, mon fils, car la joie du Seigneur sera toujours ta force.

Je suis là pour toi. Dans les bons comme dans les mauvais moments. Tu m'apprends de nouvelles choses chaque jour. Ton innocence est magnifique. Sourire aux plus petites choses... Les plus petites choses qui t'amusent... Et surtout à quel point tu es fasciné par le monde qui t'entoure.

Je suis effrayé par le caractère négatif et corrompu du monde actuel... Mais Dieu a fait de toi une lumière. Vous ne lutterez pas. Vous ne serez pas affectés par le stress et la frustration du monde. Vous serez différents.

Je prie pour que tu brilles et que tu aies un impact sur tous ceux qui entrent en contact avec toi.

Je suis bénie de vous avoir dans ma vie et je vous remercie de raviver en moi un zèle qui me permet de savoir qu'il y a encore des choses que je dois conquérir.

Chaque fois que je te regarde, cela me pousse à en faire plus.

Merci Jérémie de m'avoir redonné l'espoir.

Maman t'aime tellement.

Table des matières

Préface 2

La maternité : Une introduction...3

Mon expérience de la grossesse 5

La bataille permanente du sommeil...10

Équilibre, anxiété et prises de conscience..11

Le troisième mois..12

Percée du sommeil 13

Croûtes de lait et peau sèche 14

Le bébé qui s'apaise tout seul 15

L'allaitement..16

La saga du sommeil continue 18

Dormir avec son bébé...19

Vaccinations du 4ème mois 20

Puis-je vraiment faire cela ?..21

Le caca et au-delà 22

Le cinquième mois...23

Le bébé qui pleurait pour s'endormir...24

L'image corporelle et la nouvelle mère 26

5 mois et sevrage 28

Jouets et développement...29

Produits pour bébés que j'ai essayés 30

Lingettes pour bébés Little ones 32

Lingettes pour bébés Pampers sensitive 32

Gouttes nasales Snufflebabe et aspirateur. 33

Circoncision 36

Le sommeil, encore ! 37

La maternité et ses multiples rôles 38

Votre bébé est un être unique..39

L'importance du père 40

Se remettre sur les rails 41

Le sixième moment..42